Impressum
Verlag: BABADADA GmbH, Nedderfeld 112 , 22529 Hamburg
Geschäftsführer / Verlagsleitung: Harald Hof
Druck: Books on Demand GmbH, In de Tarpen 42, 22848 Norderstedt

Imprint
Publisher: BABADADA GmbH, Nedderfeld 112 , 22529 Hamburg, Germany
Managing Director / Publishing direction: Harald Hof
Print: Books on Demand GmbH, In de Tarpen 42, 22848 Norderstedt

sekolah

yachay wasi

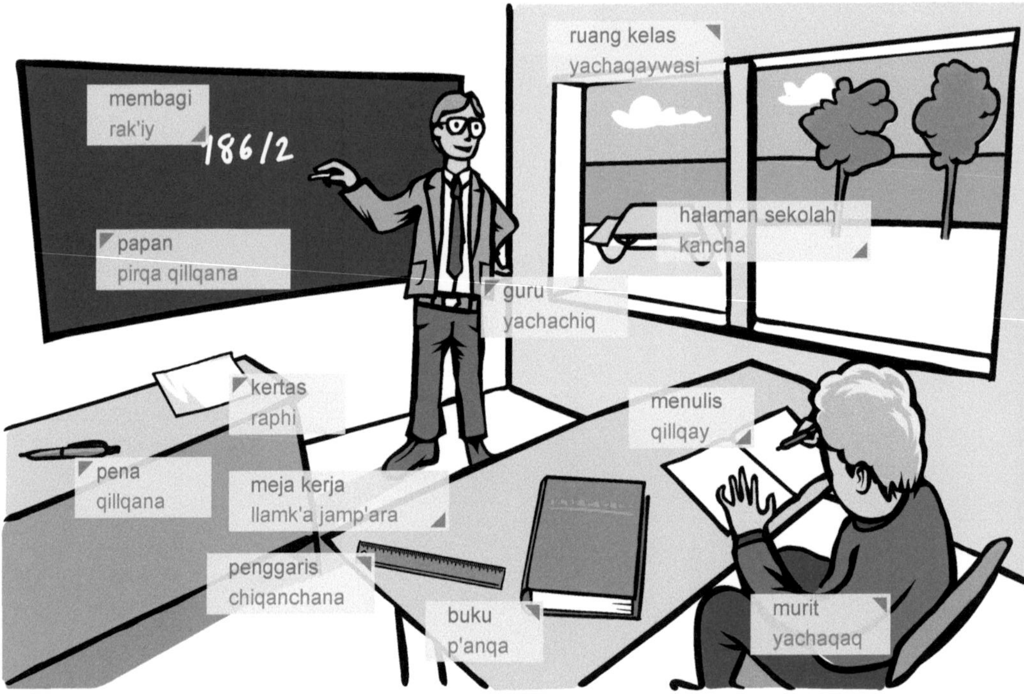
ruang kelas
yachaqaywasi
membagi
rak'iy
186/2
papan
pirqa qillqana
halaman sekolah
kancha
guru
yachachiq
kertas
raphi
menulis
qillqay
pena
qillqana
meja kerja
llamk'a jamp'ara
penggaris
chiqanchana
buku
p'anqa
murit
yachaqaq

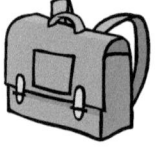

tas sekolah

wayaqa

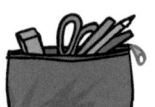

tempat pensil

p'uktaki llimp'i qillqana

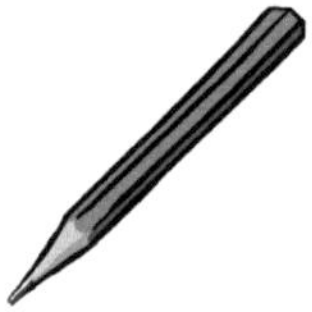

pensil

yana qillqana

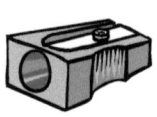

pengasah pensil

ñawch'ina

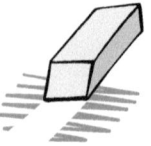

penghapus

qillqakhituna

kertas gambar

qillqana p'anqa siq'inapaq

gambar

siq'i

kuas

chukcha llimp'ina

kotak cat

p'uktaki llimp'ikuna

gunting

k'utuna

lem

k'akachana

buku latihan

qillqana p'anqa ruwanakuna

pekerjaan rumah

kamachinakuna

angka

yupay

tambhakan

yapay

mengurangi

qhichuqay

mengalikan

mirachay

menghitung

yupanchay

huruf

sanampa

alfabet

sanampakuna

kata

simi rimay

teks

qillqa

membaca

ñawiriy

kapur

iskuna

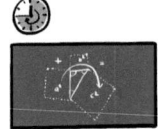

pelajaran

yachachina

daftar

qillqana p'anqacha

ujian

chaninchana

sertifikat

certificaru

seragam sekolah

uniforme

pendidikan

yachay

ensiklopedi

jatun simi pirwa

universitas

Jatun yachaywasi

mikroskop

microscopio

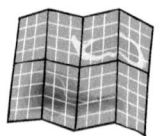

peta

saywa siq'i

tempat sampah

raphi chuqana

hotel
tampu wasi

Grand

hostel
qurpa wasi

ROOMS

kantor pertukaran mata uang
qullqi rantina wasi

EXCHANGE

koper
p'acha churana

mobil
kuchi

bahasa

simi

ya / tidak

ari / mana

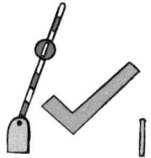

okay

ari

hallo

Imaynalla

penerjemah

tikraq

terima kasih

Pachi

Berapa harganya…?

¡Machkhataq?

saya tidak mengerti

Mana yachanichu

masalah

ch'ampay

Selamat malam!

¡Allin tuta!

Selamat siang!

¡Allin P'unchaw!

Selamat tidur!

¡Allin tuta!

sampai jumpa

tinkunakama

arah

pusachay wasi

bagasi

q'ipi

tas

wayaqa

ransel

wasa wayaqa

tamu

jamuynisqa

ruang

wasi

kantong tidur

puñunapaq wayaqa

tenda

tienda

informasi wisata

turismu willakuy

pantai

quchapata

kartu kredit

tarjita kriditumanta

sarapan

paqarin mikhuy

makan siang

chawpi p'unchaw mikhuy

makan malam

tuta mikhuy

tiket

qullqi

elevator

makina wicharinapaq

perangko

unanchana

perbatasan

saywa

cukai

adwana

kedutaan

imwajada

visa

visa

paspor

pasapurti

transportasi

astana

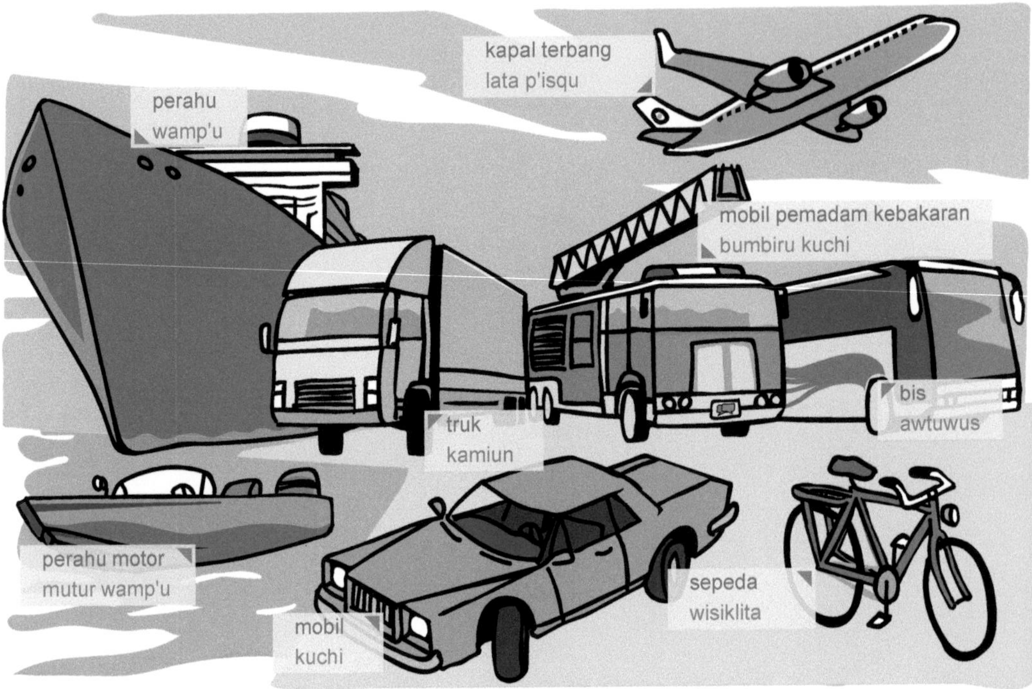
kapal terbang
lata p'isqu
perahu
wamp'u
mobil pemadam kebakaran
bumbiru kuchi
bis
awtuwus
truk
kamiun
perahu motor
mutur wamp'u
sepeda
wisiklita
mobil
kuchi

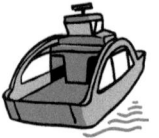

feri
quchacha

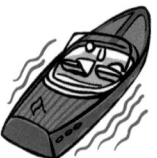

perahu
wamp'u

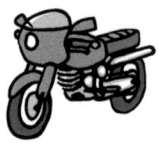

sepeda motor
mutu

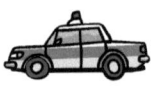

mobil polisi
pulisiyap autun

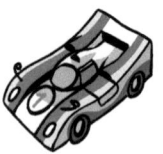

mobil balapan
usqay karru

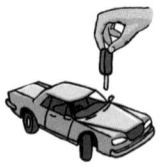

mobil sewa
kuchi manukuna

berbagi mobil

kuchi manu

truk derek

grua

truk sampah

q'upa kamiun

motor

mutur

bahan bakar

gasulina

bensin

gasulinamanta istasiun

tanda lalulintas

chakatana sanampa

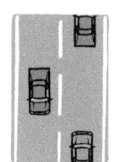

lalulintas

trajiku

macet

chakatana

parkir mobil

istasiun

stasiun kereta

trin estasiun

trek

ñankuna

kereta api

trin

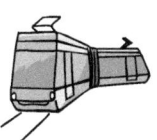

tram

tranwia

gerobak

wagun

helikopter
ilikuptiru

bendara
lata p'isqu kiti

menara
pukara

penumpang
pasaqlla

container
jatun p'uktaki

karton
karton p'uktaki

troli
kapachu

keranjang
isanka

berangkat / mendarat
phaway / uray

kota

llaqta

desa
llaqta

pusat kota
chawpi jatun llaqta

rumah
wasi

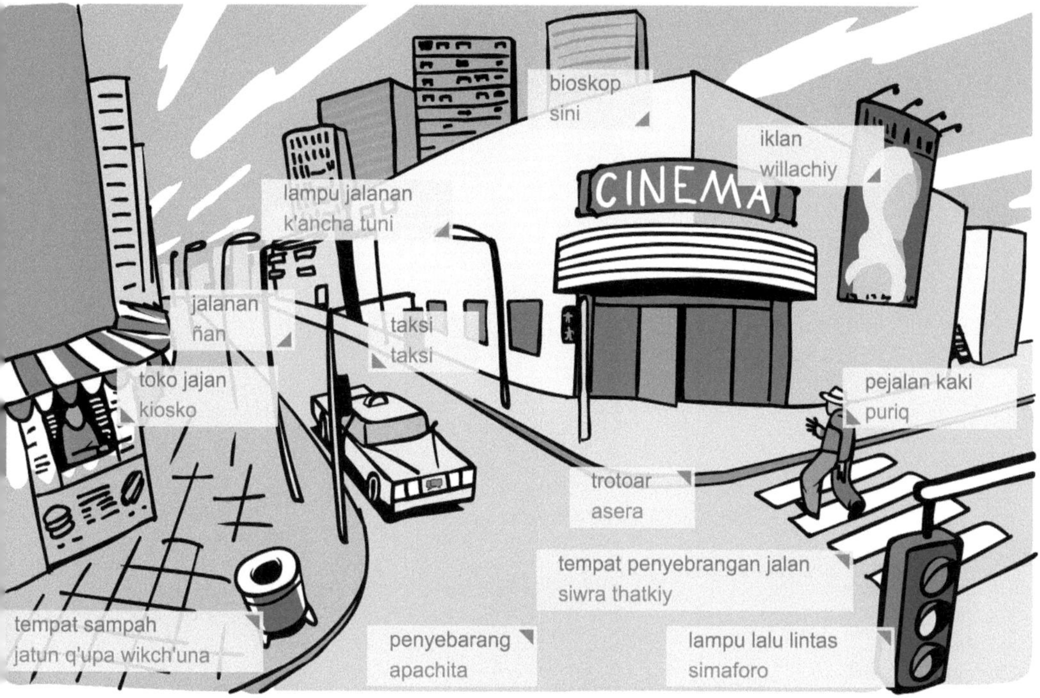
bioskop
sini
iklan
willachiy
CINEMA
lampu jalanan
k'ancha tuni
jalanan
ñan
taksi
taksi
toko jajan
kiosko
pejalan kaki
puriq
trotoar
asera
tempat penyebrangan jalan
siwra thatkiy
tempat sampah
jatun q'upa wikch'una
penyebarang
apachita
lampu lalu lintas
simaforo

gubuk

ch'ullka

rumah flat

apartamento

stasiun kereta

trin estasiun

balai kota

tantanakuy wasi

MUSEUM

museum

rikuchina wasi

sekolah

yachay wasi

universitas

Jatun yachaywasi

bank

qullqi pirwa

rumah sakit

Jampina wasi

hotel

tampu wasi

farmasi

jampi ranqhana wasi

kantor

ujisina

toko buku

p'anqa pirwa

toko

tienda

toko bunga

t'ika wasi

supermarket

jatun qhatu

pasar

qhatu

toko serba ada

jatun pirwa

nelayan

challwa wasi

pusat belanja

jatun rantina wasi

pelabuhan

wamp'u qhispinan

taman

jark'asqa chiqan

banku

qullqi pirwa

jembatan

chaka

tangga

wichana

kereta bawah tanah

metro

terowongan

suqhu

pemberhantian bis

autuwus sayana

bar

bar

restauran

mikhuna wasi

kotak surat

willa qillqa juch'uy wanqara

tanda jalan

t'uqsi tuni

meteran parkir

parkimetro

kebun binatang

jatun uywa kancha

kolam renang

armakuna

mesjid

meskita

pertanian
chakra wasi

polusi
pacha unquchiq

kuburan
Aya pampa

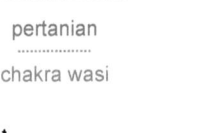

gereja
iñiy wasi

tempat bermain
pukllana kancha

pura
Qhapana

pemandangan
wanlla

daun
raphi

penunjuk arah
sanampa

jalanan
ñan

padang rumput
waylla

batu
rumi

pohon
sach'a

pejalak kaki
puriq runa

sungai
mayu

rumput
sach'a

bunga
t'ika

lembah

qhichwa

bukit

muqu

danau

qucha

hutan

Sach'a sach'a

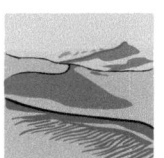

padang gurun

purun

gunung berapi

nina phuqchiq urqu

istana

kastilla wasi

pelangi

k'uychi

jamur

champiñun

pohon palem

chunta

nyamuk

ch'uspi

lalat

ch'uspi

semut

sik'imira

lebah

wara

laba-laba

kusi kusi

kumbang

ch'iqi

kodok

k'ayra

tupai

artilla

landak

askanku

kelinci

liwre

burung hantu

ch'usiqa

burung

p'isqu

angsa

yuku p'isqu

babi jantan

sintiru

rusa

sierwu

rusa

alsi

bendungan

waykhasqa

turbin angin

wayrakallpa

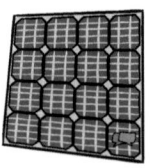

panel surya

inti panil

iklim

pacha wayra

restauran

mikhuna wasi

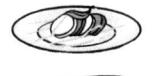

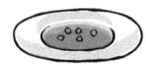

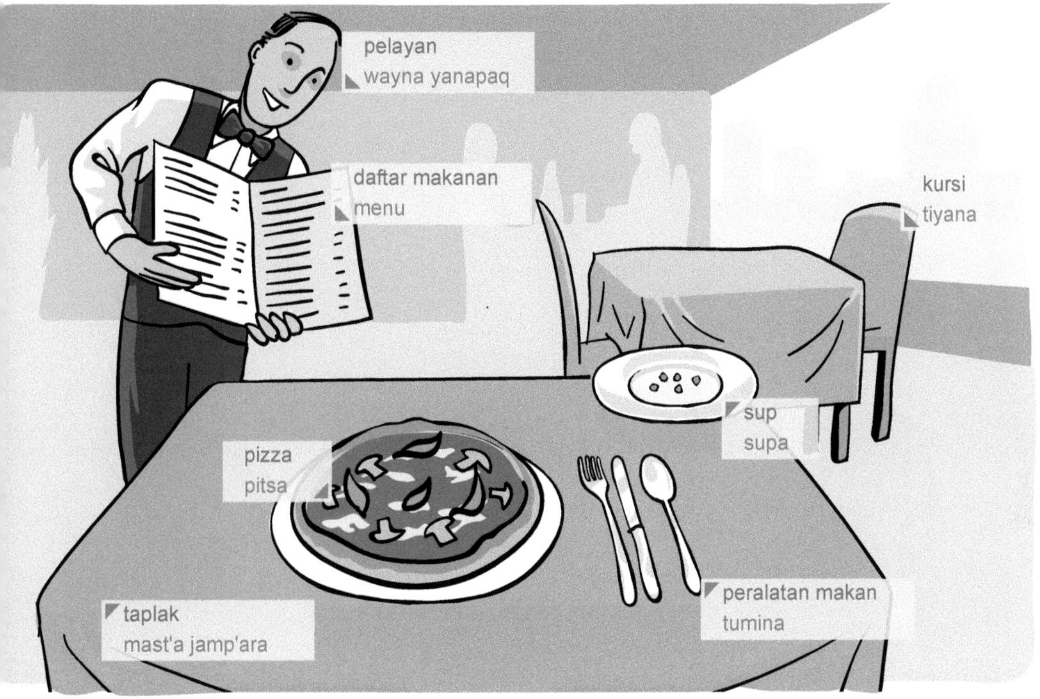
pelayan
wayna yanapaq
daftar makanan
menu
kursi
tiyana
sup
supa
pizza
pitsa
taplak
mast'a jamp'ara
peralatan makan
tumina

hindangan pembuka

ñawpaq mikhuna

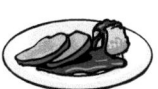

hidangan utama

yari mikhuna

hidangan penutup

mikhuy yapa

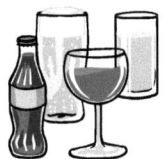

minuman

upyanakuna

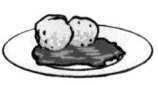

makanan

mikhuna

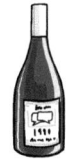

botol

wutilla

fastfood
saqra ura

masakan jalanan
kalli mikhuna

teko teh
te churana

kaleng gula
misk'i churana

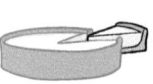

porsi
chhika

mesin espresso
cajitira iksprisu

kursi tinggi
jatun tiyana

tagihan
yupay

baki
bandija

pisau
tumi

garpu
tinidur

sendok
wislla uña

sendok teh
juch'uy wislla uña

serbet
simi pichana

gelas
qhispi akilla

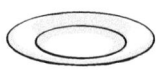

piring

chuwa

piring sup

chuwa

lepek

chuwa

saus

salsa

tempat garam

kachi churana

gilingan merica

pimienta kutana

cuka

k'allkucha

minyak

llukllu

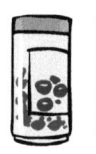

bumbu

ch'aki q'mirkuna

saus tomat

ketchup

mustar

mostaza

mayones

mayonisa

supermarket

jatun qhatu

penawaran khusus
kusa ranqhanapaq
klien
rantiq
produk susu
willalli
buah
puquy
troli
rantina karro
FOR

BUTCHERS

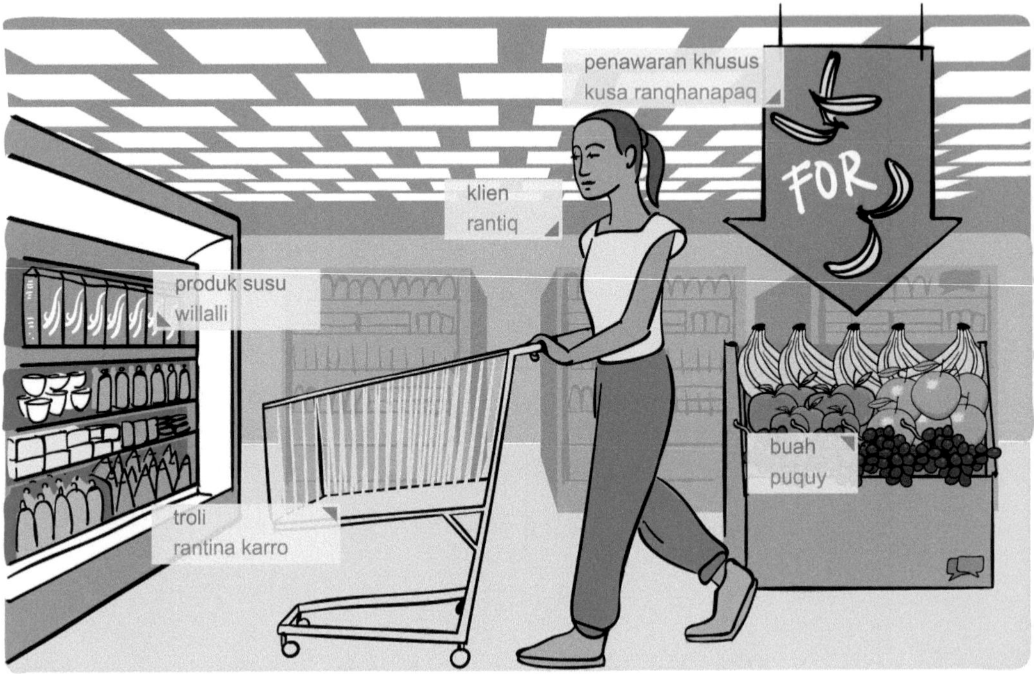

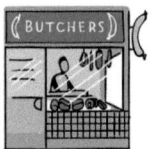

pembantai

aicha wasi

BAKERY

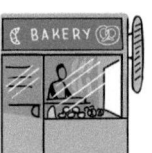

toko roti

t'anta wasi

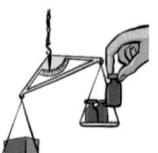

menimbang

llasay

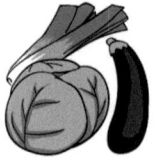

sayur

q'umirkuna

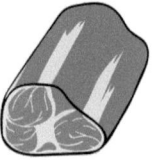

daging

aycha

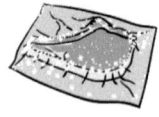

makanan beku

chhullunka mikhuna

pemotongan dingin

quqawi

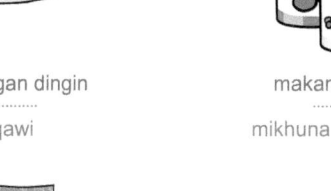

makanan kaleng

mikhuna unaychasqa

sabun serbuk

ditirjinti

permen

misk'ikuna

alat-alat rumah tangga

wasimanta pruduktu

obat pembersihan

maylla produkto

penjual

ranqhaq

kasa

kartun p'uktaki

kasir

kajiru

daftar belanja

sinru qillqa rantina

jam buka

sumaq runa uyarina phani

dompet

qullqi wayaqa

kartu kredit

tarjita kriditumanta

tas

plastiko wayaqa

kantong plastik

plastiku wayaqa

air

yaku

jus

jilli

susu

ch'awa

cola

coca cola

anggur

vino

bir

sirwisa

alkohol

alkula

coklat

kakawu

teh

te

kopi

caji

espresso

ieksprisu

cappucino

capuchinu

pisang

platanu

apel

mansana

jeruk

laranja

semangka

milun

jeruk lemon

limun

wortel

sanawrya

bawang putih

aju

bambu

wamwu

bawang bombai

siwulla

jamur

champiñun

kacang

awillana

mi

jirius

spagetti

ispawiti

nasi

arrus

salat

sarsa

kentang goreng

papa kanka

kentang goreng

papa kanka

pizza

pitsa

hamburger

amwirkisa

sandwich

sanwich

sayatan

jiliti

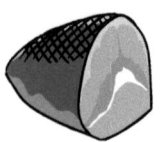

ham

jamun

salami

salami

sosis

salchicha

ayam

chichilu

menggoreng

aycha kanka

ikan

challwa

bubur gandum

p'aqa awina

sereal

muesli

cornflakes

p'aqa sara

tepung

jak'u

croissant

krwasan

roti

k'awka

roti

t'anta

toast

t'anta jamk'a

biskuit

khamuna

mentega

mantikilla

dadih

ñuqñu

kue

pastil

telur

runtu

telur goreng

runtu kanka

keju

masara

eskrim

chullunka misk'i

gula

misk'i

madu

wayrunq'u misk'i

selai

mirmilara

krim nugat

krima turrunmanta

kare

kurri

pertanian
chakra wasi

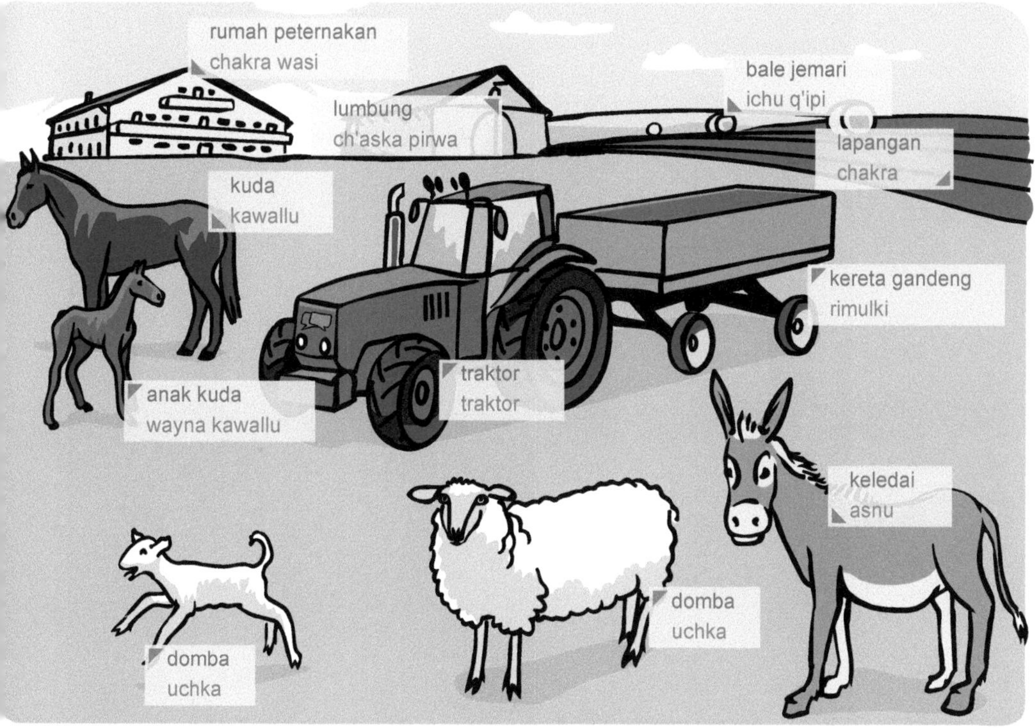
rumah peternakan
chakra wasi
lumbung
ch'aska pirwa
bale jemari
ichu q'ipi
lapangan
chakra
kuda
kawallu
kereta gandeng
rimulki
traktor
traktor
anak kuda
wayna kawallu
keledai
asnu
domba
uchka
domba
uchka

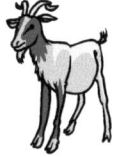

kambing

karwa

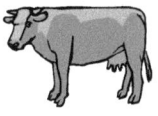

sapi

waka

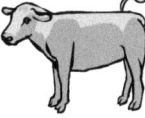

betis

waka uña

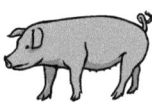

babi

khuchi

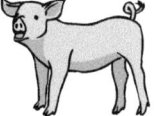

celeng

khuchi uña

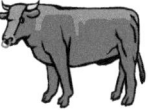

banteng

turu

angsa

wallata

bebek

pili

anak ayam

chchilu

ayam

wallpa

ayam jantan

k'anka

tikus

jatun juk'ucha

kucing

misi/michi

tikus

juk'ucha

lembu

turu

anjing

alqu

rumah anjing

alquwasi

selang

mankira

penyiram

qarpana jalp'a

sabit

rutuna

bajak

taklla

sabit

rutuna

cangkul

liwk'ana

garpu rumput

sipina

kapak

ayri

gerobak

kapachu

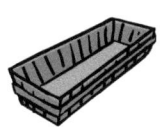

palung

yaku upyana

kaleng susu

willalli purunku

karung

jatun wayaqa

pagar

jark'aq ch'ipa

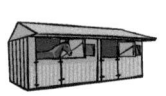

kandang

kancha wasi

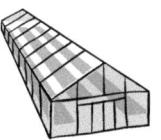

rumah kaca

inwirnadiru

tanah

pampa

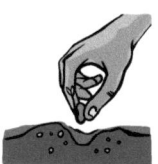

benih

muju

pupuk

wanu

mesin pemanen

makina allana

panen

allay

panen

allay

yams

ñame

gandum

tiriwu

kedelai

soya

kentang

papa

jagung

sara

lobak

kulsa luru

pohon buah

wayu sach'a

singkong

mandiuka

sereal

ch'aki puquy

rumah

wasi

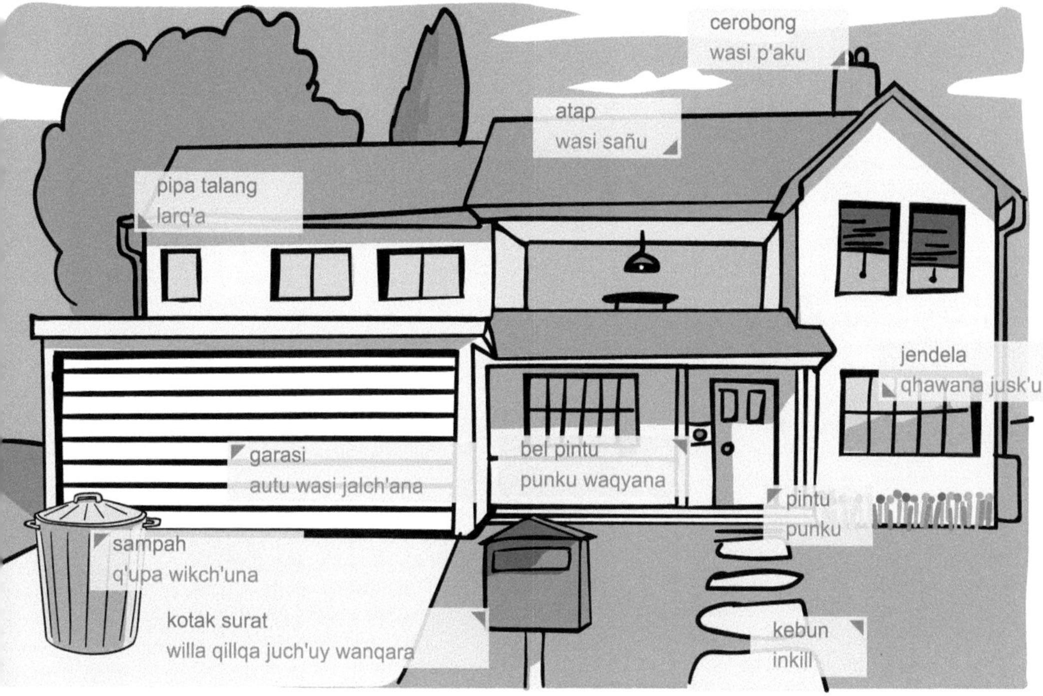
cerobong
wasi p'aku
atap
wasi sañu
pipa talang
larq'a
jendela
qhawana jusk'u
garasi
autu wasi jalch'ana
bel pintu
punku waqyana
pintu
punku
sampah
q'upa wikch'una
kotak surat
willa qillqa juch'uy wanqara
kebun
inkill

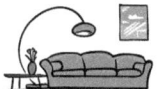

ruang tamu

k'illi wanlla

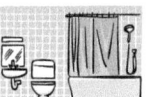

kamar mandi

akana wasi

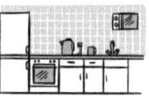

dapur

wayk'una wasi

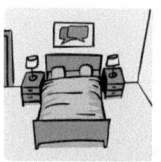

kamar tidur

puñuna wasi

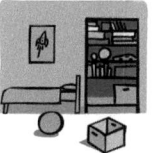

kamar anak

wawa k'uchu

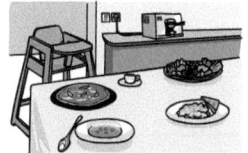

kamar makan

mikhuna k'uchu

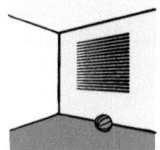

lantai

pampa

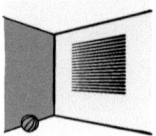

tembok

pirqa

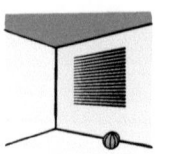

atap

wasip khatan

gudang di bawah tanah

wasi ukhun

sauna

sawna

balkon

walkun

teras

pirqa

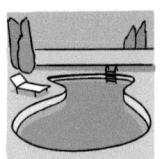

kolam renang

armakuna

mesin pemotong rumput

k'achina

sprei

iqana

selimut

khatana

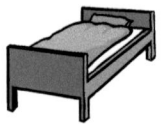

tempat tidur

puñuna

sapu

pichana

ember

yaku aysana

tombol

k'ancha jap'ichiq

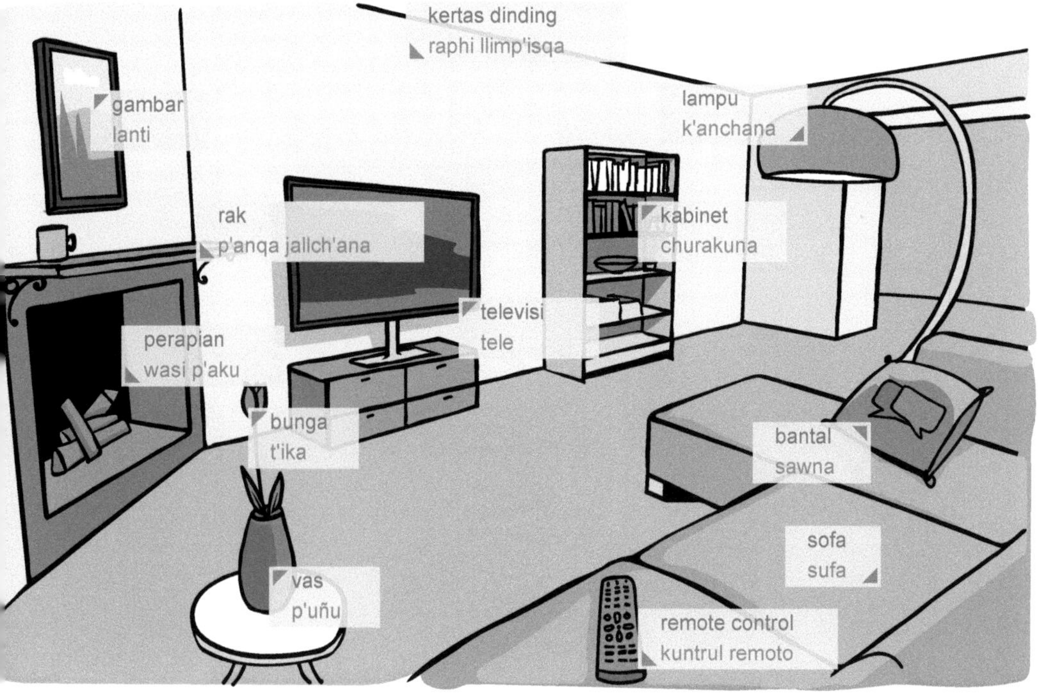

kertas dinding
raphi llimp'isqa

gambar
lanti

lampu
k'anchana

rak
p'anqa jallch'ana

kabinet
churakuna

televisi
tele

perapian
wasi p'aku

bunga
t'ika

bantal
sawna

sofa
sufa

vas
p'uñu

remote control
kuntrul remoto

karpet	korden	meja
pampa mast'ana	arapa	jamp'ara
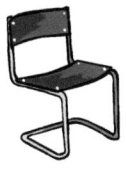		
kursi	kursi goyang	kursi malas
tiyana	chhuku tiyana	kirana

buku

p'anqa

selimut

mast'a

dekorasi

t'ikanchay

kayu bakar

llamt'a

filem

pelikula

hi-fi

takina ekipu

kunci

ch'atana

koran

mit'awa

lukisan

llimp'i

poster

poster

radio

wayra simi

buku tulis

qillqana p'anqa

penyedot debu

aspiradora

kaktus

pukru

lilin

ispilma

dapur
wayk'una wasi

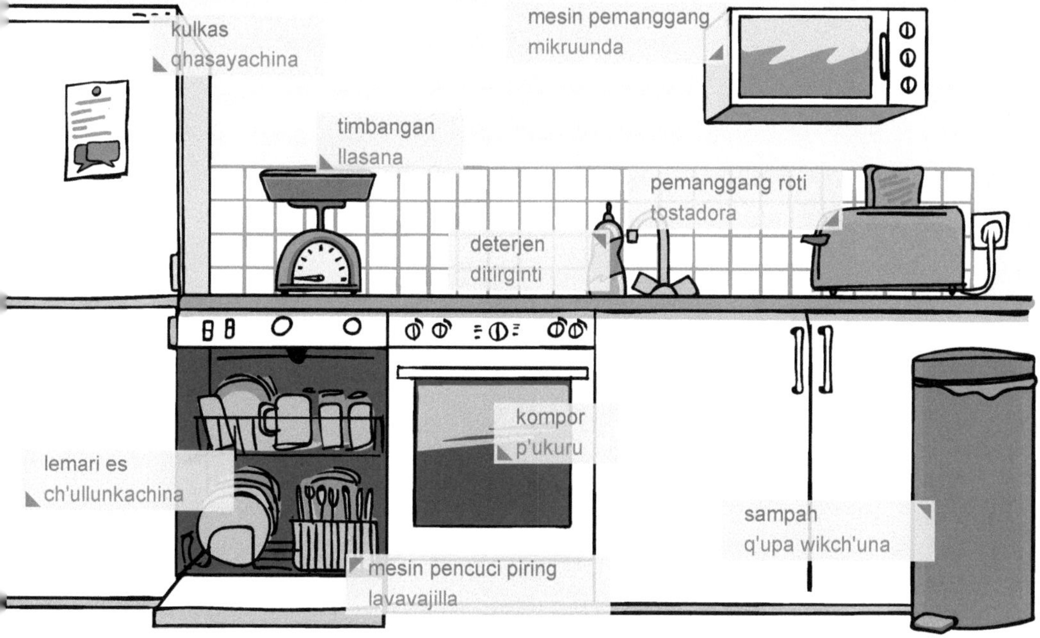
kulkas
qhasayachina
mesin pemanggang
mikruunda
timbangan
llasana
pemanggang roti
tostadora
deterjen
ditirginti
kompor
p'ukuru
lemari es
ch'ullunkachina
sampah
q'upa wikch'una
mesin pencuci piring
lavavajilla

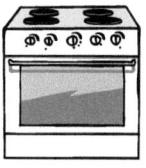

kompor

presiun manka

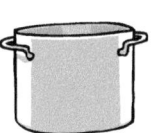

panci

manka

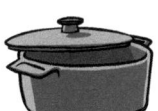

panci besi

q'illa manka

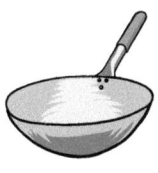

wajan

wok

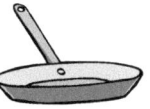

panci

payla

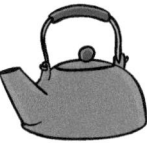

pemanas air

thimpuchina

panci pengukus makanan

wapsina

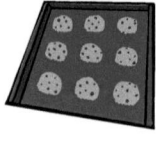

nampan

p'ukuru punku

piring

vajilla

cangkir

tasa

mangkok

tason

sumpit

palillo

sendok sup

wislla

sudip

phusuqa urquna

mengocok

qaywina

saringan

isanka

saringan

suysuna

parutan

thupana

mortir

kutana

barbeque

kawitu

api terbuka

nina jap'ichina

papan memotong

k'ullu kuchunapaq

gilingan

tuquru

alat pembuka botol

sacacurchu

kaleng

lata

pembuka kaleng

lata kichana

pegangan panci

jap'ina

wastafel

chuwa mayllana

sikat

sipillu

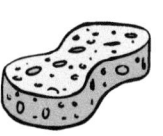

busa

ispunja

mesin pencampur

watidora

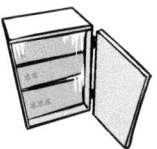

lemari es

ch'ullunkachina

botol bayi

biberon

keran

grifo

kamar mandi

akana wasi

mandi
armana
mesin pemanas
kalefaksiun
handuk
ch'akina
tirai kamar mandi
arapa
mandi busa
phusuqa mayllana
bak mandi
bañera
gelas
qhispi akilla
mesin cuci
makina mayllana
keran
grifo
ubin
azulijo
pispot
manka jisp'ana
wastafel
chuwa mayllana

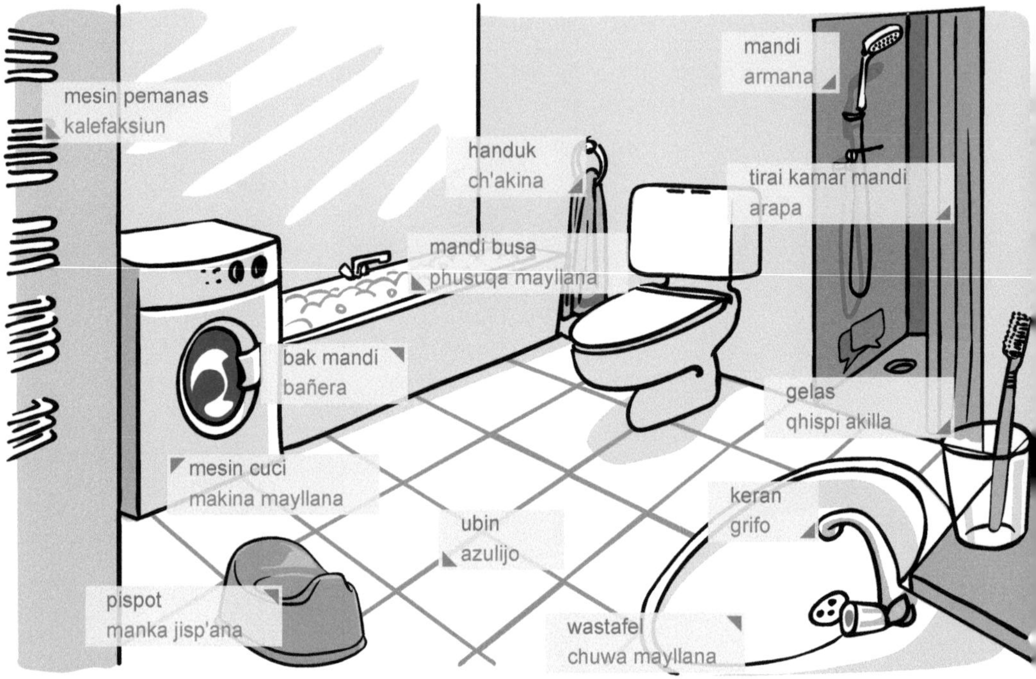

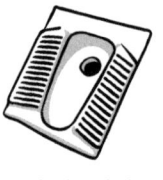

toilet

akana

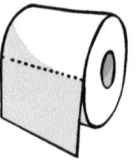

toilet jongkok

yakupaka

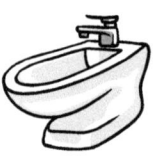

bidet

bidet

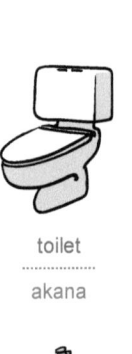

pissoir

jisp'ana

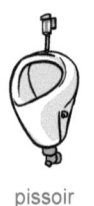

kertas toilet

papel higieniku

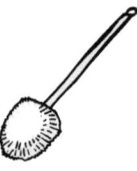

sikat toilet

water pichana

sikat gigi

kiru khituna

pasta gigi

kiru pasta

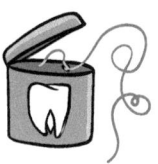

benang gigi

kiru q'aytu

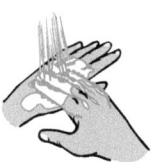

menyuci

mayllay

pancuran tangan

armana makiwan

pancuran

armana

bak

pila

sikat punggung

wasa cepillo

sabun

t'arta

gel mandi

llukllu armanapaq

sampo

champu

planel

ch'akina

kuras

ch'chi yaku wikch'una

krim

krima

deodoran

kuntu wayllak'upaq

kaca

qhispi

cermin tangan

qhawakunaqhispi

pisau cukur

mumikuna

busa cukur

phusuqu mumikunapaq

aftershave

lusiun mumikunapaq

sisir

sikrana

sikat

kuiru khituna

alat pengering rambut

sekadora

semprot rambut

ispray

makeup

makillaji

lipstik

simi llimp'ina

cat kuku

llimp'i sillu

kapas

ampi

gunting kuku

sillu k'utuna

minyak wangi

untu

kantong pencuci

wayaqa ch'usanapaq

bangku

chukuna

timbangan

aysana

mantel mandi

bata

sarung tangan karet

maki wayaqa gumamanta

tampon

tampon

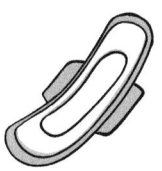

handuk pembalut

raphi ch'akina

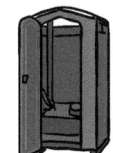

toilet kimia

akanapaq tiyana kimiku

kamar anak

wawa k'uchu

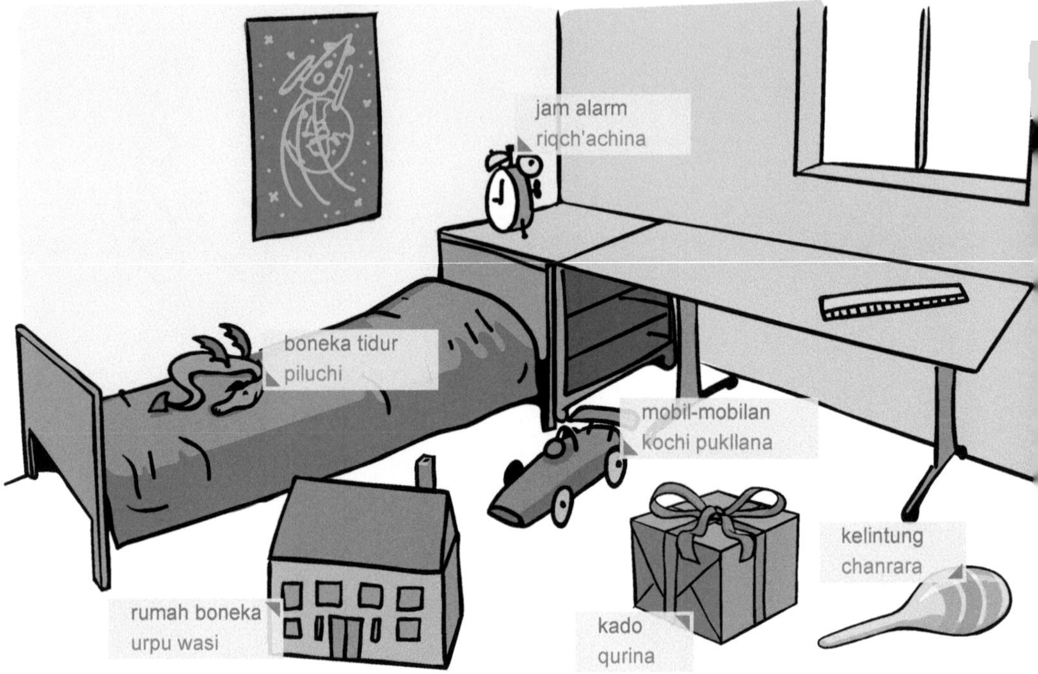
jam alarm
riqch'achina
boneka tidur
piluchi
mobil-mobilan
kochi pukllana
kelintung
chanrara
rumah boneka
urpu wasi
kado
qurina

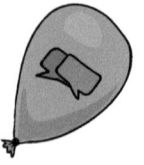

balon

phuyu phuku

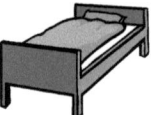

tempat tidur

puñuna

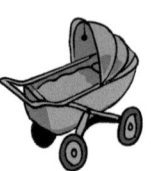

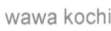

kereta bayi

wawa kochi

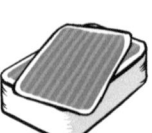

mainan kartu

naypi

teka-teki

pusli

SUPER
MEGA

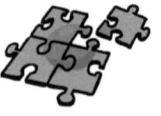

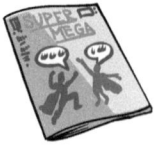

komik

riwista

mainan lego

legukuna

blok mainan

wluki pukllana

figur aksi

figura aksionmanta

baju monyet

wuri wawapaq

frisbee

friswi

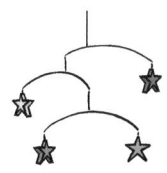

mobile

wawa marq'a

permainan papan

jamp'ara pukllana

dadu

dado

set model kreta api

trin iliktriko purina

dot

maniki

pesta

raymi

buku gambar

futu p'anqa

bola

p'ulu

boneka

urpu

bermain

pukllay

tempat main pasir

t'iyu p'utaki

ayunan

wallunk'a

mainan

pukllana

video game konsol

wiriukunsula

sepeda roda tiga

trisiklu

teddy

jukumari pukllana

lemari pakaian

p'acha jallch'ana

pakaian
p'acha

kaos kaki

chakiwayaqa

kaos kaki

chakiwayaqa qharipaq

baju ketat

chakiwayaqa

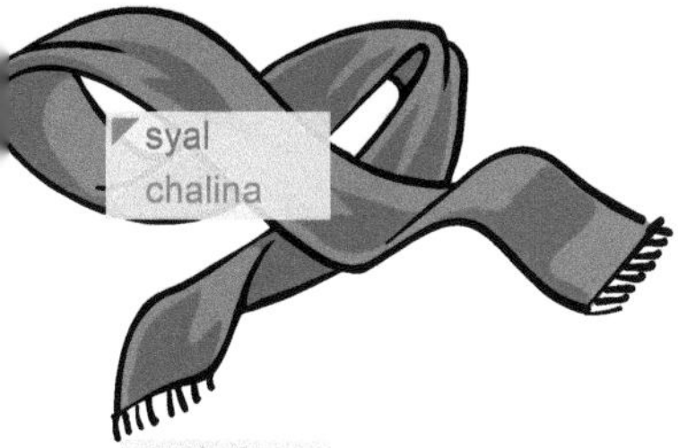

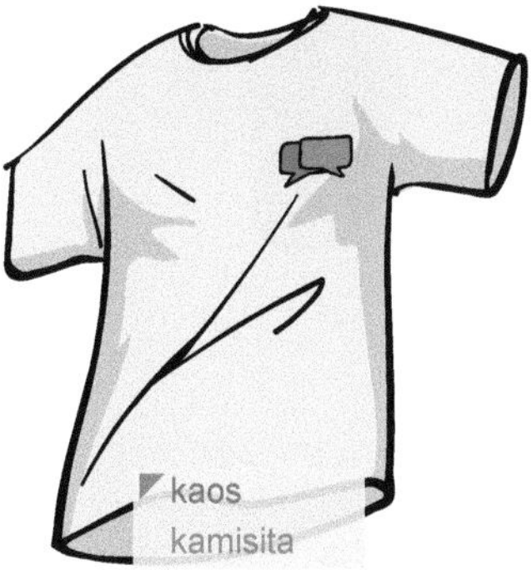

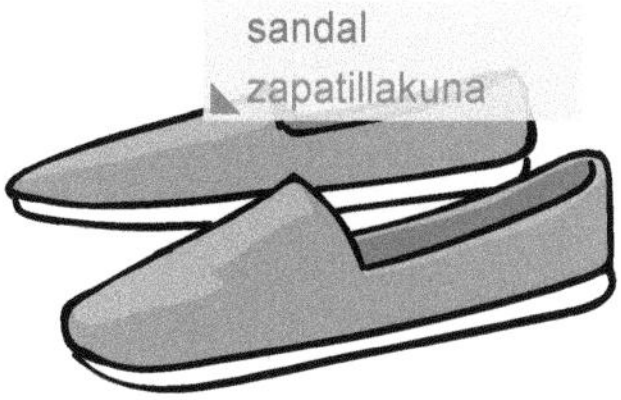

syal
chalina

sabuk
chunpi

payung
parawa

kaos
kamisita

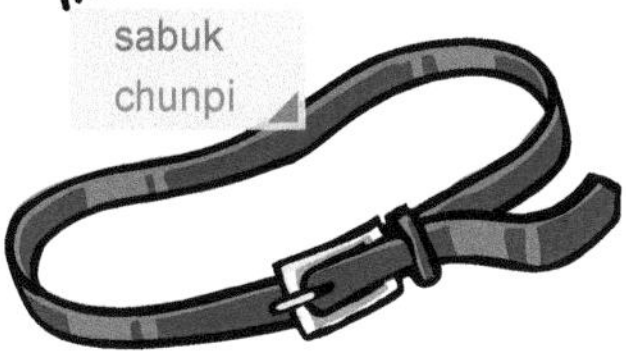

sepatu bot
wutakuna

sandal
zapatillakuna

sepatu
tinis

sandal

llanq'i

sepatu

phapatukuna

sepatu bot karet

wutakuna parapaq

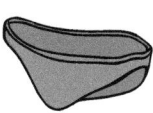

celana dalam

ukhu p'acha

BH

sustin

baju rompi

chaliku

body

wuri

celana

pantalu kurtu

jeans

wakiru

rok

arphi

blus

wulusa

kemeja

kamisa

aket berkerudung

chumpa

sweater

chumpa

jaket

blazer

jaket

chakita

mantel

qhata

jas hujan

yawardina

kostum

traji

gaun

wistiru

gaun pengantin

wistiru nowiamanta

setelan resmi

traji

gaun tidur

kamisun

piyama

piyama

sari

sari

jilbab

wandana

turban

turbante

burka

burka

kaftan

kaftan

abaya

abaya

pakaian renang

traje mayllakunapaq

celana renang

p'acha mayllakunpaq

celana pendek

kurtu

olah raga

p'acha tukuy p'unchawpaq

celemek

dilantal

sarung tangan

makiwayaqa

kancing

ch'itana

kacamata

gafakuna

gelang

maki watana

kalung

wallqa

cincin

siwi

anting

linri quri

topi

q'aspa

gantungan mantel

p'acha warkhuna

topi

chharara

dasi

kurbata

ritsleting

pantalu wisk'ana

helm

kasku

tali selempang

tirantikuna

seragam sekolah

uniforme

seragam

uniformi

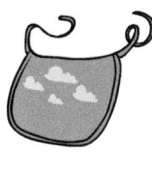

oto

llawsanapaq

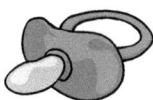

dot

maniki

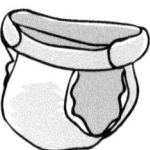

popok

jananta

kantor
ujisina

server
yanapakuq
lemari arsip
jatun raphi jallch'ana
kertas
raphi
pencetak
impresora nisqa
layar
computadura qhawana
mouse komputer
juk'ucha
meja kerja
llamk'a jamp'ara
tempat pengarsipan
raphi churana
papan tombol
tekladu
kursi
tiyana
tempat sampah
raphi chuqana
computer
computarura

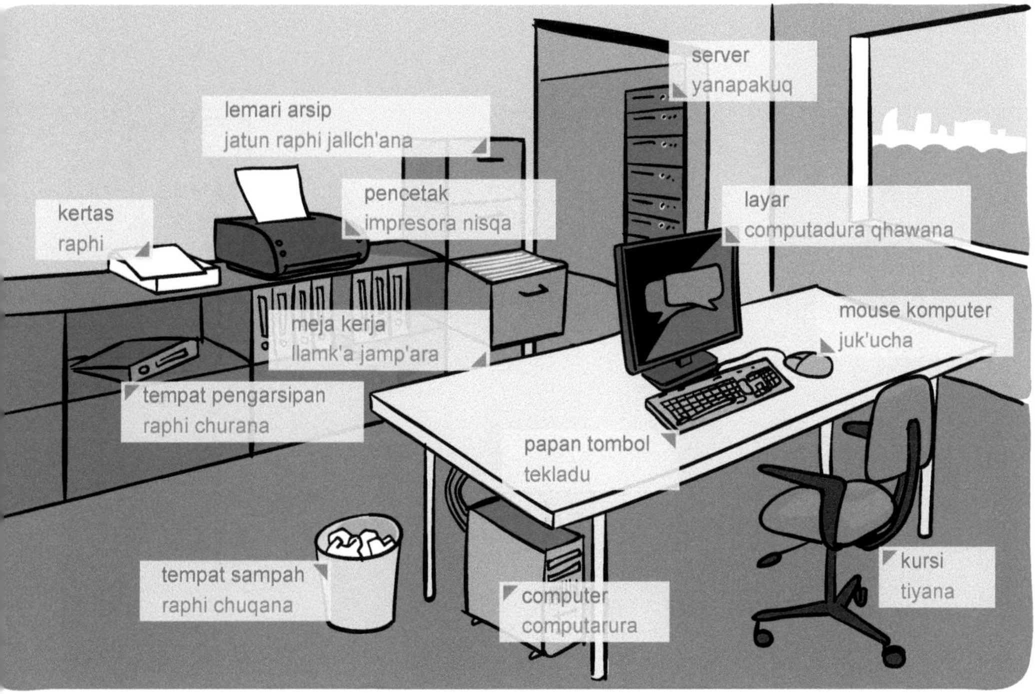

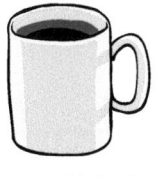

cangkir kopi

tasa cajimanta

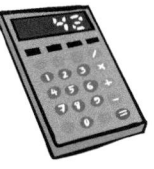

kalkulator

calcularura

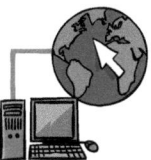

internet

intirnit

laptop

laptop

surat

chaki qillqa

pesan

willachiy

telepon seluler

silular

jaringan

red

fotokopi

futukopia

software

software

telepon

tilijunu

plug soket

toma corriente

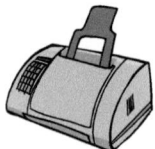

mesin fax

faks

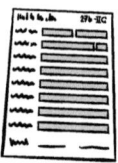

formulir

jurmulario

dokumen

asuy qillqa

membeli
....
ranqhay

membayar
....
qupuy

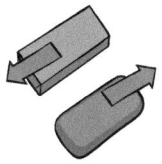

berdagang
....
ranqhay

uang
....
qullqi

Dollar
....
dólar qullqi

Euro
....
iwro qullqi

Yen
....
yen qullqi

Rubel
....
ruwlu qullqi

Franc Swiss
....
juranku swisu qullqi

Renminbi Yuan
....
rinminwi qullqi

Rupiah
....
rupia qullqi

ATM
....
kajiru awtumatiku

kantor pertukaran mata uang

qullqi rantina wasi

emas

quri

perak

qullqi

minyak

pitruliu

energi

kallpa

harga

yupa

kontrak

mink'ay

pajak

impuistu

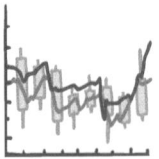

saham

aksiun

bekerja

llamk'ay

karyawan

llamk'achiq

majikan

llamk'achiq

pabrik

puquchiy kiti

toko

tienda

petugas polisi
ajinti policiamanta

pemadam kebakaran
wumwiru

pemasak
wayk'uq

dokter
jampi kamayuq

pilot
pilutu

tukan kebun

inkill kamayuq

tukang kayu

llaqllaykamayuq

penjahit wanita

siraykamayuq

hakim

khuskachaq

ahli kimia

jampi ranqhaq

aktor

aranwaq

sopir bis

awtuwus q'iwiq

sopir taksi

taksi q'iwiq

nelayan

challwakamayuq

pembantu

pichaq

tukang atap

wasip qhatan

pelayan

wayna yanapaq

pemburu

chakuykamayuq

pelukis

llimp'iq

tukang roti

t'antiri

tukang listrik

iliktrisista

pembangun

llam'kaq

insinyur

k'llikacha

tukang daging

ñak'aq

tukang ledeng

yaku kamayuq

tukang pos

qillqa apaq

tentara

awqakuq

arsitek

wasikamayuq

kasir

kajiru

penjual bunga

t'ikachaq

penata rambut

chukcharutuq

konduktor

q'iwichiq

montir

mikaniku

kapten

wamink'a

dokter gigi

kirukamayuq

ilmuwan

jamawt'a

rabbi

rawinu

imam

k'askachimuq

biarawan

munji

pendeta

tata kura

alat
ruk'awi

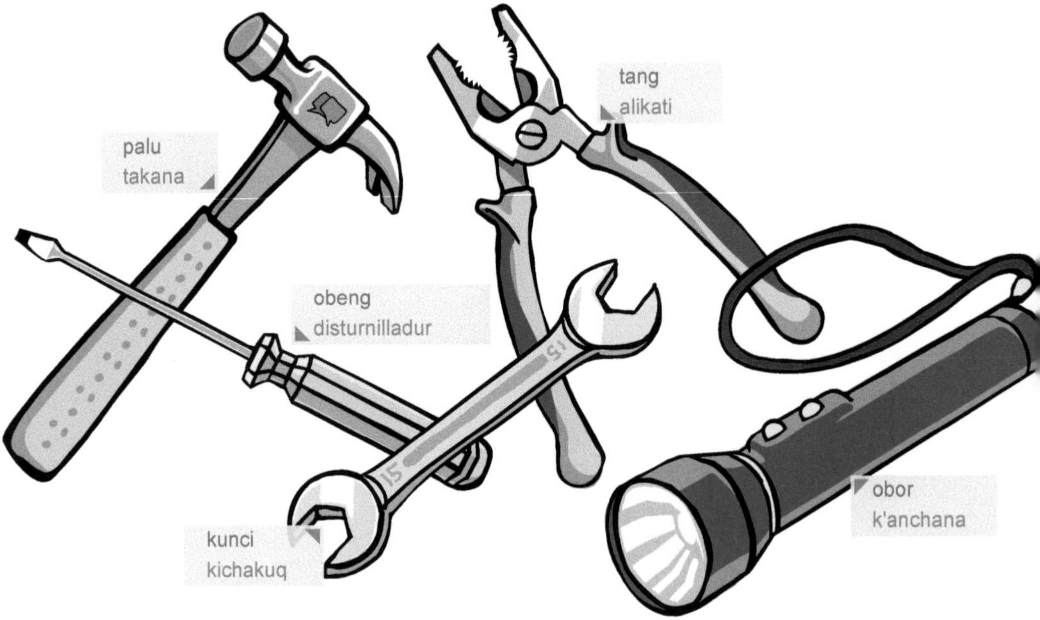

palu
takana
tang
alikati
obeng
disturnilladur
obor
k'anchana
kunci
kichakuq

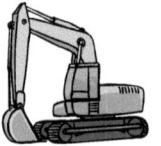

penggali

ikskawadura

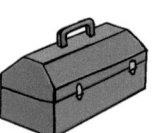

tas perkakas

ruk'awi p'uktaki

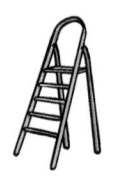

tangga

wichana makiyuq

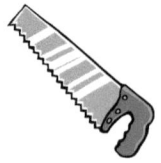

gergaji

sierra

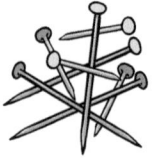

paku

takarpu

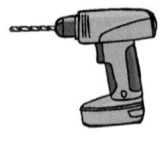

bor

talaru

perbaikan
allinchay

sekop
lampa

Sialan!
¡Supay apachun!

cikrak
q'upa tantana

pot cat
llimp'i churana

sekrup
turnillukuna

alat musik
takichiy nakuna

pengeras suara
sumaq parlana

alat drum
watiria

gitar
witarra

bas
kuntrawaju

trompet
lata phuku

piano

pianu

violin

wiulin

bass

waju

tambur

tinwalis

drum

wankar

keyboard

tikladu

saksofon

saksu

suling

phukuna

mikrofon

mikrufunu

kebun binatang

jatun uywa kancha

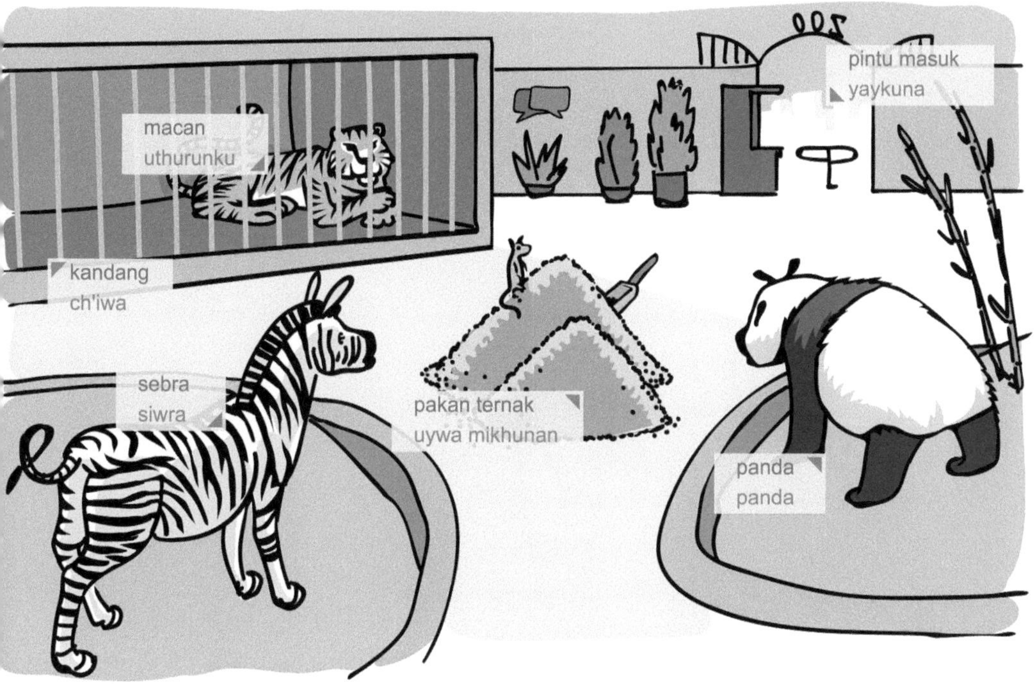

macan
uthurunku
kandang
ch'iwa
sebra
siwra
pakan ternak
uywa mikhunan
panda
panda
pintu masuk
yaykuna

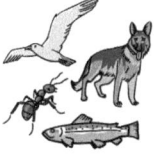

hewan

uywa

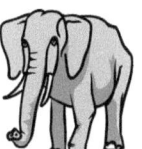

gajah

ilijanti

kanguru

kanguru

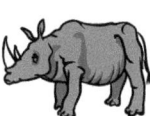

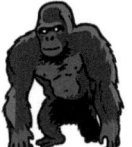

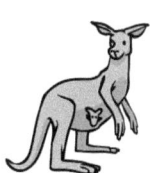

badak

rinusirunti

gorila

gurila

beruang

jukumari

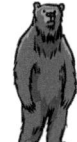

unta

kamillu

burung unta

suri

singa

puma

monyet

k'usillu

flamingo

pariwana

burung beo

q'ichichi

beruang polar

pular jukumari

penguin

pinwinu

hiu

tiwurun

merak

pawu

ular

katari

buaya

kukuwurilu

penjaga kebun binatang

jatun uywa kancha arariwa

segel

fuka

jaguar

uthurunku

kuda poni

puni

macan tutul

lliwpardu

kuda nil

hipuputamu

jerapah

jirafa

burung elang

anka

babi jantan

sintiru

ikan

challwa

kura-kura

turtuga

anjing laut

mursa

rubah

atuq

kijang

gacila

american football
amerikanu papawki pukllay

naik sepeda
siklu rumpiy

tennis
tenis

basketbal
isanka papawki

bernang
wat'aku

tinju
ñuk'anaku

hoki es
joki

sepak bola

papawki pukllay

badminton

watmintun

atletik

lanlak

bola tangan

kakcha

main ski

iski

polo

pulu

aktivitas
ruwakuna

ketawa
asiy
meloncat
phinkiy
memeluk
mak'alliy
berjalan
puriy
menyanyi
takiy
mengimpi
musquy
berdoa
mañakuy
mencium
much'ay

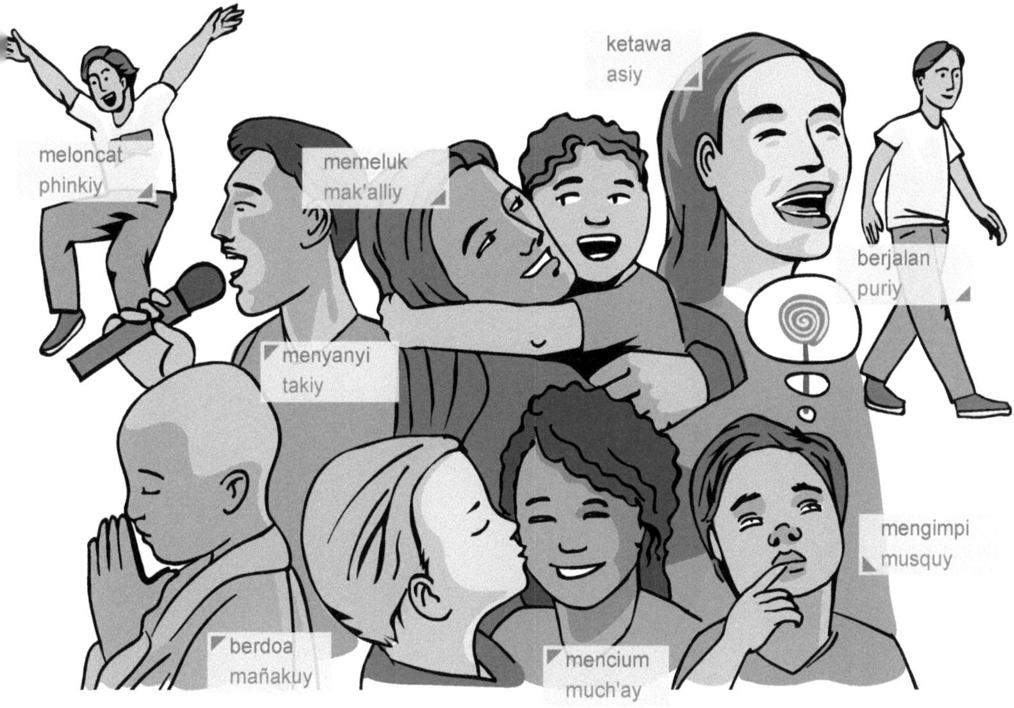

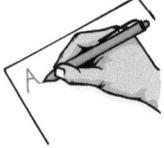

menulis

qillqay

melukis

t'iktuy

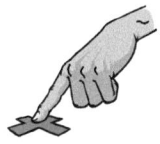

menunjuk

qhawachiy

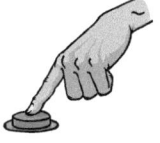

mendorong

tanqay

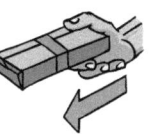

memberikan

quy

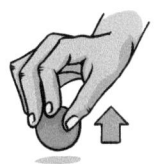

mengambil

uqhariy

mempunyai

yuq

melakukan

ruway

adalah

kay

berdiri

sayay

berlari

t'ijuy

menarik

chuqay

melempar

chuqay

jatuh

urmay

tidur

siriy

menunggu

suyay

membawa

apay

duduk

chukuchiy

berpakaian

p'achachakuy

tidur

puñuy

bangun

rikch'ay

melihat

qhaway

menangis

waqay

mengelus

waylluy

menyisir

sikray

berbicara

rimay

mengerti

unanchay

menanyak

tapuy

mendengar

uyariy

minum

upyay

makan

mikhuy

merapikan

kamachiy

cinta

khuyay

memasak

wayk'uy

menyetir

q'iwiy

terbang

phaway

berlayar

wamp'uy

menghitung

yupanchay

membaca

ñawiriy

belajar

yachay

bekerja

llamk'ay

menikah

sawaray

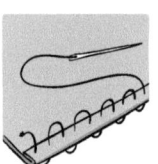

menjahit

siray

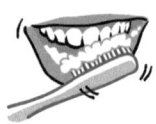

sikat gigi

kiru khitukuy

membunuh

wanchiy

merokok

pitay

kirim

kachay

keluarga
yawar masikuna

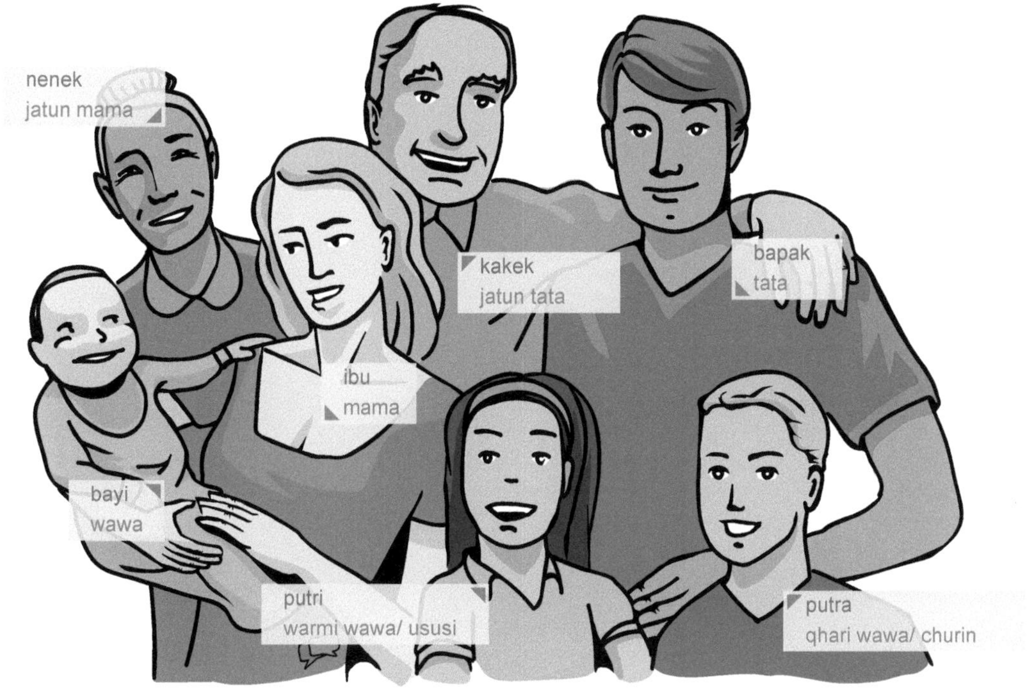
nenek
jatun mama
kakek
jatun tata
bapak
tata
ibu
mama
bayi
wawa
putri
warmi wawa/ ususi
putra
qhari wawa/ churin

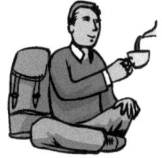

tamu
jamuynisqa

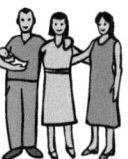

bibi
ipa

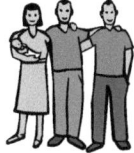

paman
kaki

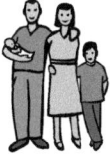

kakak laki
tura/wawqi

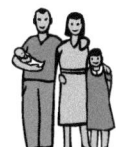

kakak perempuan
ñaña/pana

badan
uqhu

dahi
mat'i
mata
ñawi
bahu
likra
jari
ruk'ana
muka
uya
dagu
sunkha
tangan
maki
kaki
t'usu
payudara
qhasqu
lengan
likra

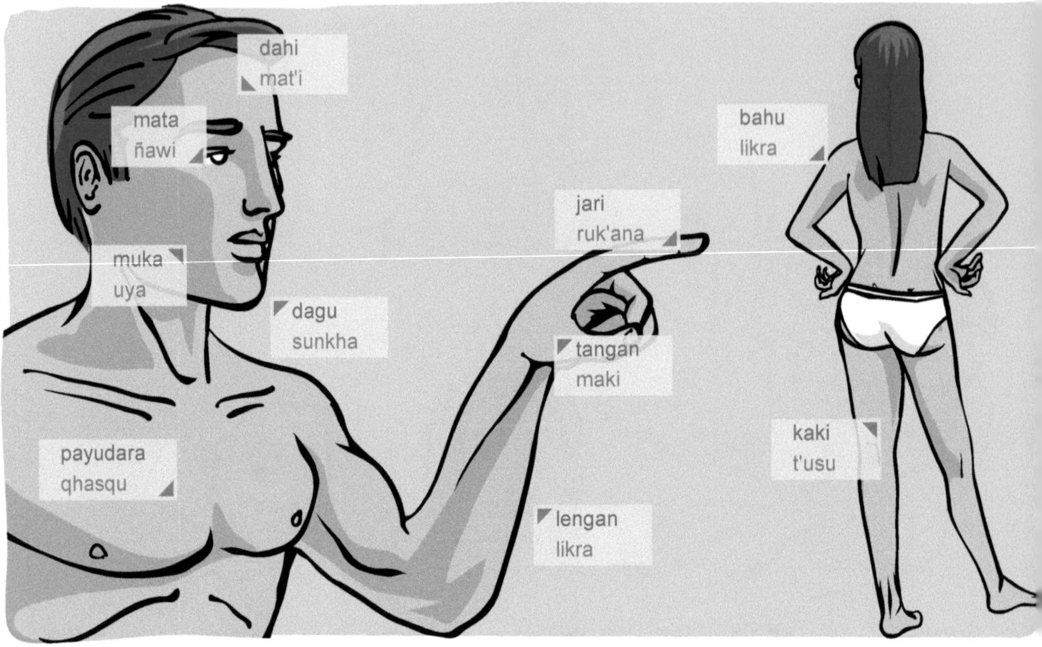

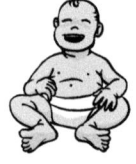

bayi

wawa

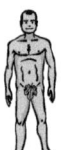

pria

qhari

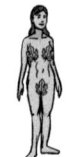

wanita

warmi

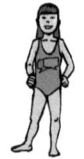

perempuan

sipas

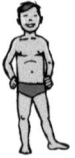

laki

yuqalla

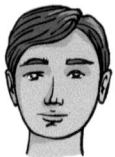

kepala

uma

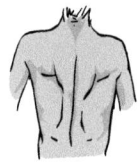

punggung
wasa

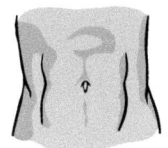

perut
wisa ukhu

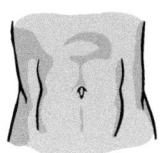

pusar
pupu

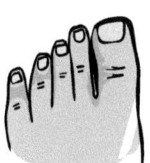

toe
ruk'ana

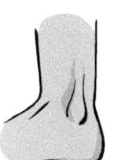

tumit
takillpa

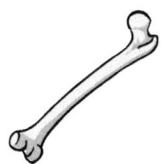

tulang
tullu

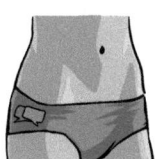

pinggang
chaka

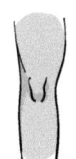

lutut
muqu

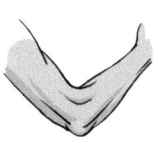

siku
maki muqu

hidung
sinqa

pantat
siki

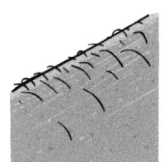

kulit
qara

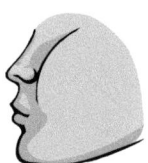

pipi
k'aqlla

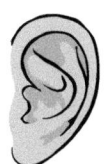

telinga
linri

bibir
sipri

mulut

simi

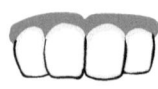

gigi

kiru

lidah

qallu

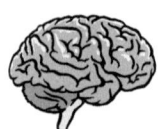

otak

ñuqtu

jantung

sunqu

otot

mach'i

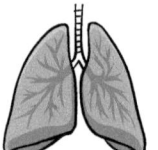

paru-paru

surq'an

hati

k'iwicha

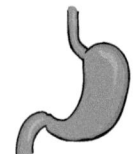

stomach

wisa

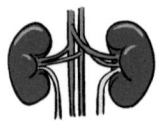

ginjal

wasa ruru

hubungan seks

lluq'anaku

kondom

condon

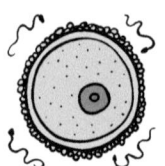

sel telur

ch'uytu

sperma

yuma

kehamilan

wiksayuq kay

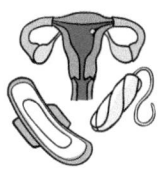

menstruasi
....
k'ikuy

vagina
....
rakha

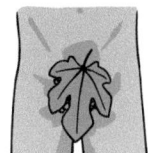

penis
....
ullu

alis
....
qhichira

rambut
....
chukcha

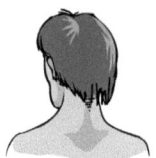

leher
....
kunka

rumah sakit

Jampina wasi

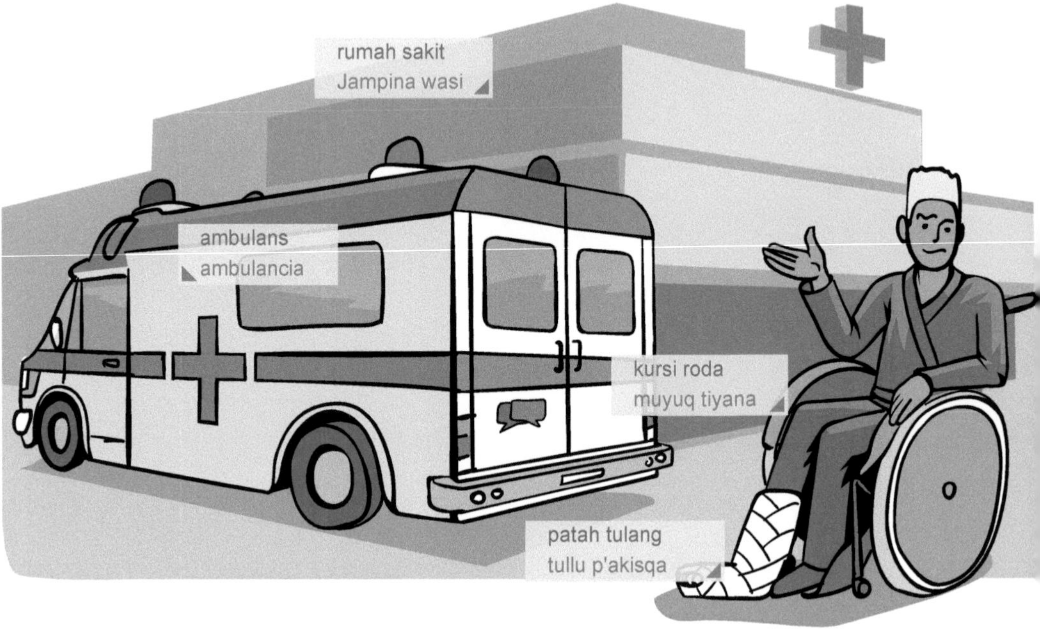

rumah sakit
Jampina wasi
ambulans
ambulancia
kursi roda
muyuq tiyana
patah tulang
tullu p'akisqa

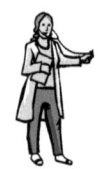

dokter

jampi kamayuq

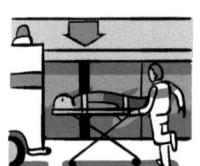

ruang darurat

urgencia wasi

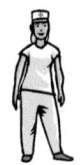

perawat

jampi yanapaq

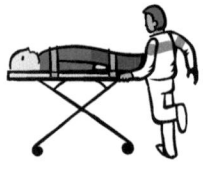

darurat

urjinsia

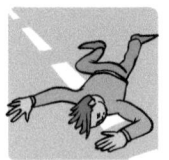

semaput

mana yuyayniyuqchu

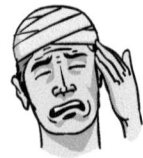

sakit

nanay

cedera

ñuti

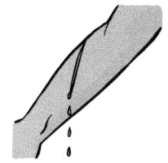

perdarahan

sirk'ay

serangan jantung

infarto

stroke

wayra

alergi

millachikuq

batuk

ch'uju

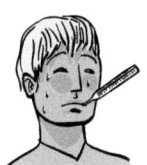

demam

k'aja unquy

flu

p'urqi

diare

q'icha

sakit kepala

uma nanay

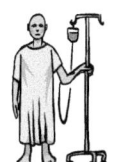

kanker

isqu unquy

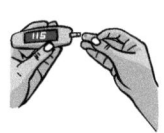

diabetes

diyawitis

ahli bedah

jampi kamayuq

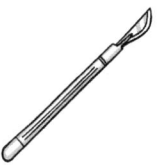

pisau bedah

bisturi

operasi

upirasiun

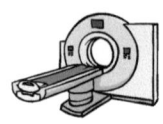

CT

TAC

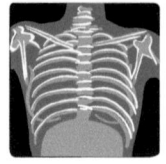

sinar x

tullurikuchi

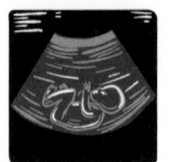

usg

ultrasunidu

topeng

jark'ana

penyakit

unquy

ruang tunggu

suyanapaq k'illi wanlla

penyokong

tawna

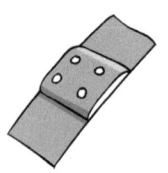

plester

tinta

perban

manku

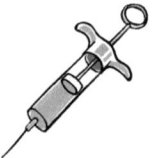

injeksi

inyiksiun

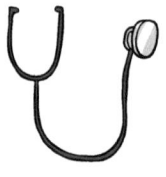

stetoskop

istituskupiu

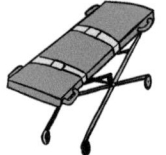

usungan

kallapu

termometer klinis

llaphi tupuna tupu

kelahiran

paqarisqa

kelebihan berat badan

wirachasqa

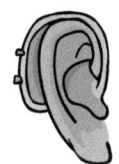

alat pendengar

audifono

desinfektan

disinjiktanti

infeksi

q'iyacha

virus

miyu

HIV / AIDS

VIH / SIDA

obat

jampi

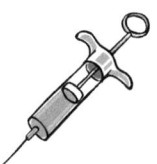

vaksinasi

wakuna

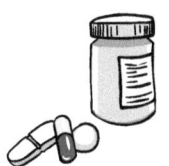

tablet

tawlitakuna

pil

pastilla

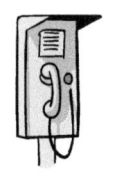

panggilan darurat

usqay waqyana

ukur tekanan darah

tinsiumitru

sakit / sehat

unqusqa / qhali

Tolong!

¡Yaw!

alarm

alarma

penyerbuan

manchay

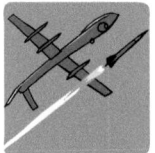

serangan

waykha

bahaya

chhiki

pintu darurat

punku utqay lluqsinapaq

Api!

¡Nina!

alat pemadam kebakaran

nina wañichiq

kecelakaan

ñak'ariy

kit pertolongan pertama

botiquin de primeros
auxilios

SOS

SOS

polisi

pulisiya

Eropa

Iwrupa

Amerika Utara

Chincha Amerika

Amerika Selatan

Qulla Amerika

Afrika

Ajurika

Asia

Asia

Australi

Awstralia

Atlantik

Atlantiku

Pasifik

Pasijiku

Samudra India

Indiku mama qucha pacha

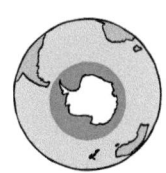

Samudra Antartika

Antartiku mama qucha pacha

Samudra Arktik

Artiku mama qucha pacha

kutub utara

chincha pulu

kutub selatan

qulla pulu

Antarktika

Antartida

bumi

Pacha

tanah

jallp'a

laut

mama qucha

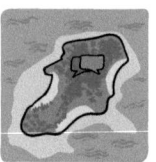

pulau

tara

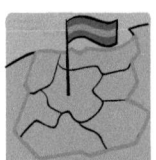

bangsa

llaqta

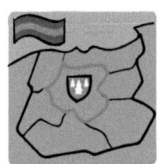

negara

Suyu

jam wajah

muruq'u

jarum pendek

phani tuqsiq

jarum menit

chininiq

jarum detik

ch'ipu yupaq

Jam berapa?

¿Ima phanitaq?

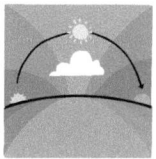

hari

p'unchaw

waktu

pacha

sekarang

kunan

jam digital

dijital inti watana

menit

chinini

jam

phani

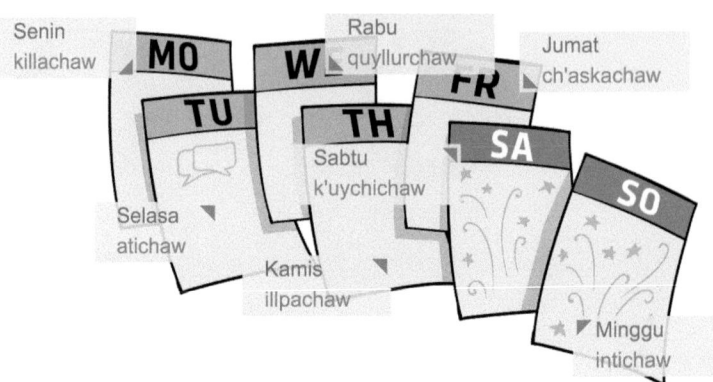

Senin
killachaw

Rabu
quyllurchaw

Jumat
ch'askachaw

Sabtu
k'uychichaw

Selasa
atichaw

Kamis
illpachaw

Minggu
intichaw

kemaren

qayna

hari ini

kunan

besok

p'unchaw

pagi

p'unchaw

siang

chawpi p'unchaw

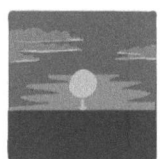

malam

sukha

hari kerja

llamk'ana p'unchawkuna

akhir minggu

tukuq qanchischawnin

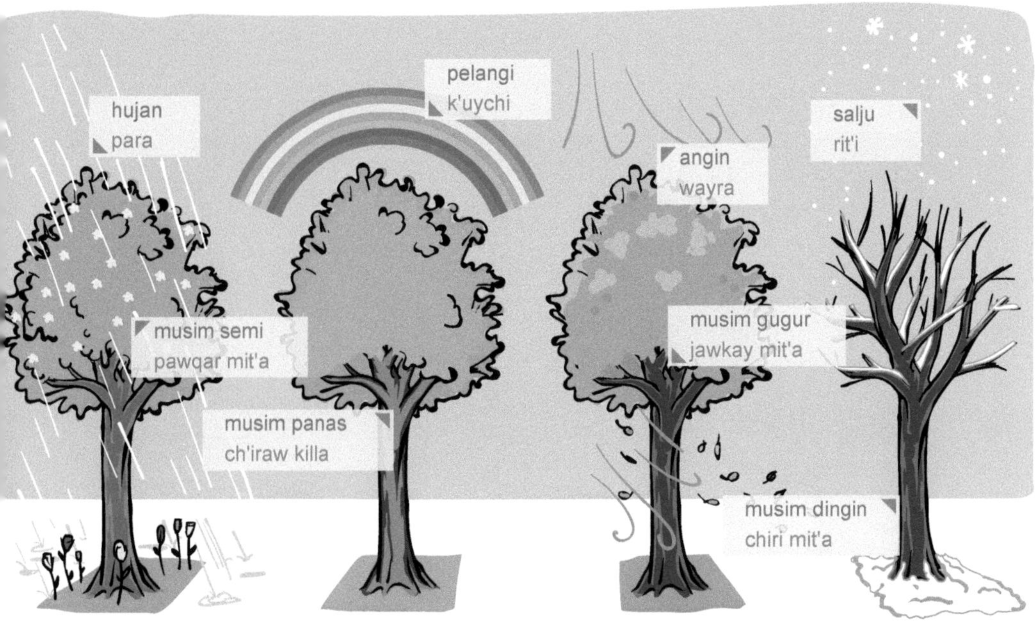

hujan
para

pelangi
k'uychi

salju
rit'i

angin
wayra

musim semi
pawqar mit'a

musim gugur
jawkay mit'a

musim panas
ch'iraw killa

musim dingin
chiri mit'a

4.APRIL	11°	☀
5.APRIL	4°	
6.APRIL	13°	
7.APRIL	8°	❄
8.APRIL	10°	☀

ramalan cuaca

inti raki

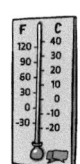

termometer

tirmumitru

matahari

inti

awan

phuyu

kabut

phuyu

kelembahan

juq'u

kilat

illapa

guntur

illapa

badai

tamya

hujan es

chikchi

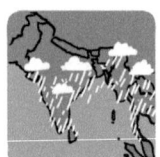

monsun

muyuq wayra

banjir

lluqlla

es

chullunka

Januari

qhaqmiy killa

Februari

jatunpuquy killa

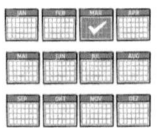

Maret

pachapuquy killa

April

ariwaki killa

Mei

aymuray killa

Juni

jawkaykuskuy killa

Juli

chakrakunakuy killa

Agustus

chakraypuy killa

September
....
tarpuy killa

Oktober
....
pawqarwara killa

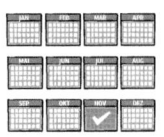

November
....
ayamarq'ay killa

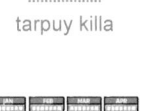

Desember
....
qhapaq inti raymi killa

bentuk
pacha tupusqa rikch'ay

lingkaran
....
muyu yupa

persegi
....
tawak'uchu yupa

persegi panjang
....
sayt'u yupa

segi tiga
....
kimsa k'uchu yupa

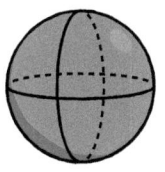

bola
....
muruq'u

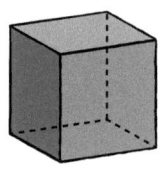

kubus
....
yupa wayru

putih

yurak

kuning

q'illu

oranye

willapi

pink

panti

merah

puka

ungu

kulli

biru

anqas

hijau

q'umir

coklat

ch'umpi

abu-abu

uqi

hitam

yana

banyak / sedikit

achkha / pisi

marah / tenang

phiña / qhasi

cantik / jelek

k'acha / millay

mulaih / selesai

qallariy / tukuy

besar / kecil

jatun / juch'uy

terang / gelap

sut'i / tuta

saudara laki-laki / saudara perempuan

wawqi / pana

bersih / kotor

llimphu / ch'ichi

lengkap / tidak lengkap

junt'asqa / mana junt'asqa

hari / malam

p'unchaw / tuta

mati / hidup

wañusqa / kawsaq

luas / sempit

chhuqu / k'ichki

dapat dimakan / tidak dapat dimakan

mikhunapaq / mana mikhunapaqchu

jahat / baik

sakra / k'acha

bersemangat / bosan

kusisqa / majisqa

gemuk / kurus

rakhu / tullu

pertama / terakhir

ñawpaq / qhipa

teman / musuh

masi / awqa

penuh / kosong

junt'a / ch'in

keras / lembut

k'urki / llamp'u

berat / enteng

llasa / chhalla

lapar / haus

yarqhay / ch'akiy

sakit / sehat

unqusqa / qhali

ilegal / legal

chanin / mana chanin

cerdas / bodoh

yuyaysapa / upa

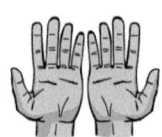

kiri / kanan

lluq'i / paña

dekat / jauh

qaylla / karu

baru / bekas

musuq / mawk'a

tidak ada apapun / sesuatu

ch'usaq / imapis

tua / muda

machu / wayna

nyala / mati

jap'isqa / wanchisqa

buka / tutup

kichasqa / wisq'asqa

tenang / keras

ch'in / ch'aqwa

kaya / miskin

qhapaq / wakcha

benar / salah

chiqan / mana chiqan

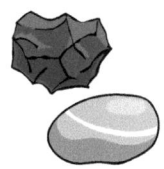

kasar / halus

qhachqa / llamp'u

sedih / gembira

llakisqa / kusi

pendek / panjang

k'aka / karu

pelan-pelan / cepat

jayra / utqay

basah / kering

juq'u / ch'aki

hangat / sejuk

rupha / chiri

perang / damai

awqay / sunqu tiyakuy

0

nol

ch'usak

1

satu

uk

2

dua

iskay

3

tiga

kimsa

4

empat

tawa

5

lima

phichqa

6

enam

suqta

7

tujuh

qanchis

8

delapan

pusaq

9

sembilan

jisq'un

10

sepuluh

chunka

11

sebelas

chunka ukniyuq

12

duabelas

chunka iskayniyuq

13

tigabelas

chunka kimsayuq

14

empatbelas

chunka tawayuq

15

limabelas

chunka phichkayuq

16

enambelas

chunka suqtayuq

17

tujuhbelas

chunka qanchisniyuq

18

delapanbelas

chunka pusaqniyuq

19

sembilanbelas

chunka jsq'unniyuq

20

duapuluh

iskay chunka

100

seratus

pacha

1.000

seribu

waranqa

1.000.000

juta

junu

Inggris

inklis simi

bahasa Inggris Amerika

amerikanu inklis simi

bahasa Cina Mandarin

mandarin chinu simi

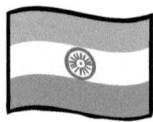

bahasa Hindi

jindi simi

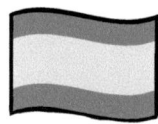

bahasa Spanyol

castilla simi

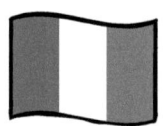

bahasa Perancis

fransis simi

bahasa Arab

arabia simi

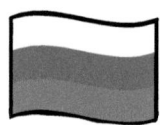

bahasa Rusia

rusia simi

bahasa Portugis

purtugal simi

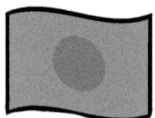

bahasa Bengal

bingali simi

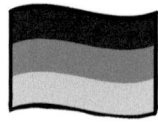

bahasa Jerman

alimania simi

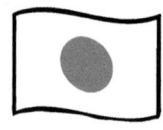

bahasa Jepang

japun simi

saya

ñuqa

kamu

qam

dia

pay / pay / chay

kita

ñuqanchik

kalian

qamkuna

mereka

paykuna

siapa?

¿pitaq?

apa?

¿imataq?

begaimana?

¿imaynataq?

dimana?

¿maypitaq?

kapan?

¿mayk'aq?

nama

suti

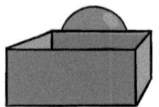

dibelakang

qhipa

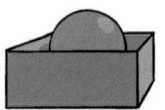

di

pi

didepan

ñawpaq

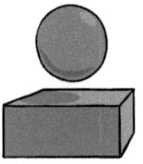

diatas

pantanpi

diatas

pata

dibawah

uranpi

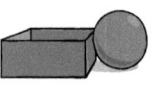

sebelah

kuska

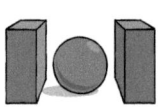

di antara

chawpi

tempat

chiqan